⑦ 古村落

- 浙江新叶村
- 采石矶
- 侗寨建筑
- 徽州乡土村落
- 韩城党家村
- 唐模水街村
- 佛山东华里
- 军事村落—张壁
- 泸沽湖畔"女儿国"—洛水村

⑧ 民居建筑

- 北京四合院
- 苏州民居
- 黟县民居
- 赣南围屋
- 大理白族民居
- 丽江纳西族民居
- 石库门里弄民居
- 喀什民居
- 福建土楼精华—华安二宜楼

⑨ 陵墓建筑

- 明十三陵
- 清东陵
- 关外三陵

⑩ 园林建筑

- 皇家苑囿
- 承德避暑山庄
- 文人园林
- 岭南园林
- 造园堆山
- 网师园
- 平湖莫氏庄园

⑪ 书院与会馆

- 书院建筑
- 岳麓书院
- 江西三大书院
- 陈氏书院
- 西泠印社
- 会馆建筑

⑫ 其他

- 楼阁建筑
- 塔
- 安徽古塔
- 应县木塔
- 中国的亭
- 闽桥
- 绍兴石桥
- 牌坊

龙文化与建筑

中国精致建筑100

吴宏洲 撰文 摄影

中国建筑工业出版社

出版说明

中国是一个地大物博、历史悠久的文明古国。自历史的脚步迈入新世纪大门以来，她越来越成为世人瞩目的焦点，正不断向世人绽放她历史上曾具有的魅力和光辉异彩。当代中国的经济腾飞、古代中国的文化瑰宝，都已成了世人热衷研究和深入了解的课题。

作为国家级科技出版单位——中国建筑工业出版社60年来始终以弘扬和传承中华民族优秀的建筑文化，推动和传播中国建筑技术进步与发展，向世界介绍和展示中国从古至今的建设成就为己任，并用行动践行着"弘扬中华文化，增强中华文化国际影响力"的使命。从20世纪80年代开始，中国建筑工业出版社就非常重视与海内外同仁进行建筑文化交流与合作，并策划、组织编撰、出版了一系列反映我中华传统建筑风貌的学术画册和学术著作，并在海内外产生了重大影响。

"中国精致建筑100"是中国建筑工业出版社与台湾锦绣出版事业股份有限公司策划，由中国建筑工业出版社组织国内百余位专家学者和摄影专家不惮繁杂，对遍布全国有历史意义的、有代表性的传统建筑进行认真考察和潜心研究，并按建筑思想、建筑元素、宫殿建筑、礼制建筑、宗教建筑、古城镇、古村落、民居建筑、陵墓建筑、园林建筑、书院与会馆等建筑专题与类别，历经数年系统科学地梳理、编撰而成。本套图书按专题分册，就其历史背景、建筑风格、建筑特征、建筑文化，结合精美图照和线图撰写。全套100册、文约200万字、图照6000余幅。

这套图书内容精练、文字通俗、图文并茂、设计考究，是适合海内外读者轻松阅读、便于携带的专业与文化并蓄的普及性读物。目的是让更多的热爱中华文化的人，更全面地欣赏和认识中国传统建筑特有的丰姿、独特的设计手法、精湛的建造技艺，及其绝妙的细部处理，并为世界建筑界记录下可资回味的建筑文化遗产，为海内外读者打开一扇建筑知识和艺术的大门。

这套图书将以中、英文两种文版推出，可供广大中外古建筑之研究者、爱好者、旅游者阅读和珍藏。

目录

- 009　一、龙的起源
- 015　二、龙与北斗、四象
- 019　三、华表溯源
- 023　四、龙种与龙饰
- 031　五、华夏龙柱知多少
- 047　六、华夏的龙壁艺术
- 057　七、石雕龙饰艺术
- 067　八、木雕龙饰艺术
- 075　九、屋脊龙饰艺术
- 081　十、龙生九子与龙饰
- 083　十一、龙凤呈祥
- 089　十二、华夏龙饰　流芳海外
- 093　大事年表

龙文化与建筑

华夏为龙的国度，龙是中华民族的象征。中国被誉为东方巨龙，当代中国人以自己为龙的传人而自豪。龙文化渗透到中国传统文化的每一个角落。《周易》本文以乾卦为第一卦，它象征龙，故乾卦又称为龙卦，可见龙文化在中国哲学中的崇高地位。中国古代皇帝以"真龙天子"自居，身穿龙袍，帝王的后代称为"龙子龙孙"，皇帝生病叫"龙体欠安"，皇帝高兴称"龙颜大悦"，龙成为帝王的象征。天上四象之一有东方青龙七宿，地上则有龙山、龙江、龙潭、龙脉，六朝古都南京的形势险要，称为虎踞龙蟠。山有天龙山、盘龙山、九龙山、龙洞山、龙虎山、龙眼山、龙头山，水有黑龙江、白龙江、五龙潭、九龙瀑、龙湫飞泉。树有龙柏、九龙松、九龙柏、蟠龙松，花有龙牙花、龙舌兰、龙爪花、龙牙百合、龙须牡丹，草有龙牙草、龙吐珠、龙须草。在这龙的国度里，处处可以见到龙文化的瑰丽花朵。

华夏传统建筑是否处处体现着龙文化呢？回答是肯定的。以山西太原晋祠圣母殿为例。晋祠圣母殿为宋代木构建筑，它从上至下都与龙文化息息相关。中国古代建筑由三大部分组成，这三大部分由下而上，分别为基座、梁柱结构体系和屋顶。圣母殿的基座上栏杆下方为石雕龙头，用以排泄雨水。基座上的梁柱结构体系中，前下檐八根木柱上均各有一条木雕蟠龙，姿态各别，威猛生动，好似大殿的守护神，也标示了圣母殿尊贵不凡的崇高地位，给人留下深刻的印象。中国古建筑的屋顶是最具有特色的部分，龙文化的特色更是明显。正脊两端是龙形正吻。正脊正中的脊刹下方是两个相背的龙形吻兽。正脊的正面有两对双龙戏珠的琉璃图案。加上屋顶上的垂兽、

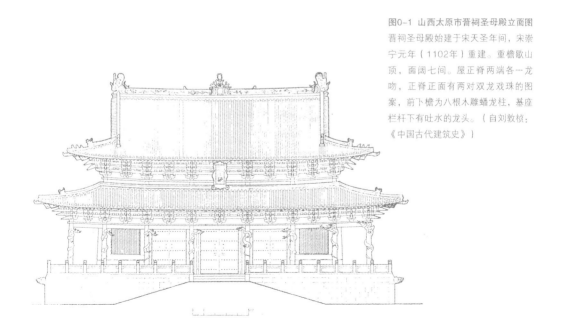

图0-1 山西太原市晋祠圣母殿立面图
晋祠圣母殿始建于宋天圣年间，宋崇宁元年（1102年）重建。重檐歇山顶，面阔七间。屋正脊两端各一龙吻，正脊正面有两对双龙戏珠的图案，前下檐为八根木雕蟠龙柱，基座栏杆下有吐水的龙头。（自刘敦桢：《中国古代建筑史》）

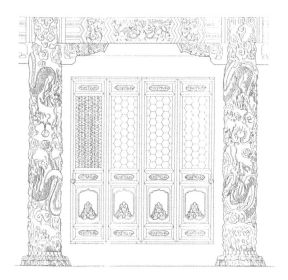

图0-2 曲阜孔庙大成殿次间龙柱大样
次间两侧各有一根起突云龙檐柱,每柱雕升龙、降龙各一条。柱间额枋用沥粉金云龙彩画,属宫廷和玺彩画。(自《曲阜孔庙建筑》)

戗兽、角兽以及套在仔角梁上的套兽都具有龙的形态,因此,整个屋顶处处可见龙的形影,整座圣母殿也因龙饰的生动丰富而更加光彩照人。

再以曲阜孔庙大成殿建筑为例。孔庙大成殿基座为重台,各有成排石雕龙头吐水,二块陛石各雕双龙戏珠图案。大成殿面阔九开间,前下檐有10根石雕云龙柱,雕刻精致,每柱雕刻升龙降龙各一条。殿体内外用沥粉金云龙彩画,给殿身披上了金碧辉煌的"龙袍"。其屋顶正脊两端各一龙形正吻。由于孔夫子被封以王爵,大成殿等级崇高,因此龙饰更多,龙气更盛。

再以沈阳故宫宫门为例。大清门是沈阳故宫内院的大门,建于清太宗皇太极天聪六年(1632年),是皇帝临朝前文武百官"候朝"之地。它是一座面阔五间的建筑,硬山顶,覆以黄琉璃瓦,以绿琉璃瓦剪边。其正脊、垂脊、四个墀头,则饰以五彩琉璃瓦件。正脊两端的龙形正吻很有特色,龙尾后卷成螺旋状,龙头威猛,怒目张口吞脊,自成一格。正脊两面各有10条戏珠琉璃龙,形态生动。其垂脊内外以及山面博缝均各饰若干条五彩琉璃龙,四个墀头也是如此,以海水云龙五彩图案为主题,伴以鹿、狮子等吉祥物。加上前后檐数百件瓦当、滴水皆以龙为图案,使大清门显得富丽堂皇,又分外庄严。这是一座以龙为主题的建筑,大清门是一座"龙门",是进入"龙廷"的必经之门。当年候朝的百官到此,因建筑的"龙气"逼人,产生一种令人敬畏的威严肃穆的气氛。

以上各例,说明了龙文化与华夏建筑的密切关系及其在建筑上的崇高地位。

图0-3 沈阳故宫大清门正脊上的龙饰/上图
沈阳故宫大清门的屋顶为硬山式,用黄琉璃瓦,以绿琉璃瓦镶边。正脊两端各有一个龙吻。正脊的两边各有十条琉璃龙饰。

图0-4 沈阳故宫大清门垂脊和博缝上的龙饰/下图
其垂脊内外两面及山墙的博缝上都布满了龙饰,运用五彩琉璃,显得富丽堂皇。

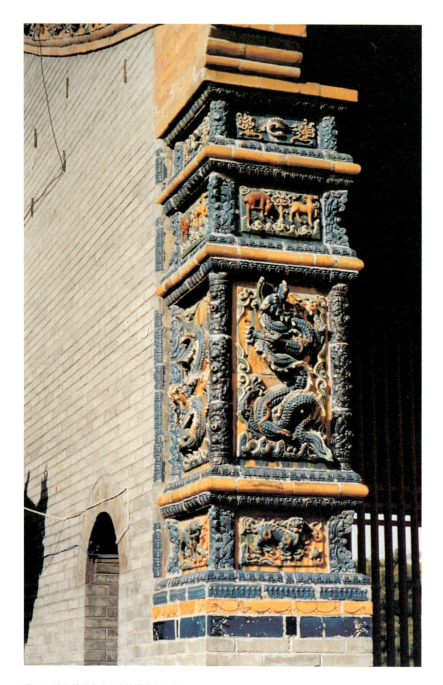

图0-5 沈阳故宫大清门山墙墀头上的龙饰
大清门前后山墙的四个墀头上，以五彩琉璃雕塑着鹿、狮子等吉祥图案，而以黄色为底的五彩海水云龙图案，占着最显著的地位。

一、龙的起源

龙，是中国古代传说中的一种神异动物，身体长，有鳞，有角，有脚，能走，能飞，能泳，能兴云降雨。龙为鳞虫之长。《礼记·礼运》云："麟、凤、龟、龙，谓之四灵。"

龙的样子，据《尔雅·释龙》云："龙，角似鹿，头似驼，眼似兔，项似蛇，腹似蜃，鳞似鱼，爪似鹰，掌似虎，耳似牛。"

龙既然不是自然界某一种具体生物，那它究竟是什么？因此，必须追溯龙的起源。龙的起源有多种说法，如综合图腾说、生物组合说、神话意象说、生命符号说，等等。其中，以闻一多先生的综合图腾说流布最广："龙究竟是个什么东西呢？我们的答案

图1-1 山东嘉祥汉画像石"雷公雨师图"中的龙形虹
在这一图中，虹呈两首垂地的龙形，在虹的顶端，雨师还在播雨放电。由于雨后出彩虹，虹与雨紧密相关，使人们联想虹为饮水于河的龙。

是：它是一种图腾，并且是只存在于图腾中而不存在于生物界中的一种虚拟的生物，因为它是由许多不同的图腾糅合成的一种综合体"（闻一多《神话与诗·伏羲考》）。

生物组合说以何新为代表，认为龙是由蛇、蜥蜴、鳄鱼等为原型组合成的形象。（何新《神龙之谜》）

神话意象说认为："龙凤并不是某些生物的神灵化，而是自然现象被生命化，拟人化后产生的神话意象"（何新《诸神的起源》）。与此相似的观点有虹原型说："龙的原型来自春天的自然景观——蛰雷闪电的勾曲之状、蠢动的冬虫、勾曲萌生的草木、三月始现的雨后彩虹，等等。……其中虹是龙最直接的原型，因为虹有美丽、具体的可视形象"（胡昌健：《论中国龙神的起源》）。汉代画像石提供了龙形虹的形象，为两首垂地的龙形。

生命符号说与神话意象说有类似之处，认为："龙……是原始人按特定观念组装起来的，是一个组合体……马的头、鹿的角、蛇的身、鸡的爪。蛇身体现了原始人的生命观念。原始人很少看到死的蛇，以为蛇年岁大了，蜕一层皮就年轻了。鸡爪也是一种生命的符号……马齿也是这样：'几岁牙口？'鹿角每年换一回……鹿角掉了，象征死，萌发象征生命、再生。因此，龙在文化含义中，象征着古人对生命的循环、死而复生的愿望"（蔡大成《河殇》）。

以上四说均有其道理，可供我们研究、思索。而考古学家则为我们探究龙的起源提供了丰富的实物资料。

1987年，河南濮阳西水坡遗址中，发现了用蚌壳摆成的龙虎图案，年代距今约6000年。M45号大墓中的龙，位于主人骨架之东，虎在骨架之西。龙有爪，爪分五叉。龙长1.78米，高0.67米，由白色的蚌壳精心摆塑而成。该龙的形象与后代龙形极为接近。第三组蚌塑是三组蚌塑中时代最早者，表现人骑于龙背与虎同时腾飞于星空的图像，含义为神兽负载墓主人升天。红山文化遗址出土的玉龙，高26厘米，由墨绿色玉雕磨而成，弯曲呈C字形。该龙无脚，与后世龙差别较大。甘肃武山傅家门遗址出土的彩陶瓶，上有人面龙身纹样，年代距今约5000年。这一形象是否"人面龙身"仍有争论，部分学者认为是"人面鲵鱼纹"。

除以上发现外，据报道："1993年6月，湖北黄梅县焦墩遗址出土了一幅长4.46米、高2.26米的卵石龙图腾，时间为距今6000年

图1-2a~d 早期龙的形态/对面页
1987年考古学界在河南濮阳西水坡遗址中，发现了用蚌壳摆成的龙虎图案，年代距今约6000年（a，b）。红山文化遗址出土的大型玉龙，弯曲呈C字形，无足，年代距今约5000年（c）。甘肃武山出土的人面龙身纹瓶，年代距今约5000年（d）。

a. 河南濮阳西水坡M45号大墓平面图（"龙虎蚌塑"第一组）
b. 河南濮阳西水坡遗址出土的"人乘龙与奔虎"蚌塑（第三组）
c. 内蒙古翁牛特旗红山文化遗址出土的玉龙
d. 甘肃武山出土庙底沟类型人面龙身纹瓶（刘志雄、杨静荣著，龙马中国文化）

前。与辽宁玉龙、河南蚌壳龙同一时代，但形体硕大、动感最强，形象最为成熟，气势更宏大。"

6000年前的巨龙已令人惊讶，但辽宁却发现了8000年前的龙形图案。据1995年2月26日的《中国文物报》报道："阜新查海"发现了位于房址和墓葬之间长达19.7米的龙形堆石。其头部、腹部和尾部清晰可辨，昂首游身。这是迄今为止发现的最早的龙形图案。

无独有偶，1996年5月14日在葫芦岛市连山区塔山乡的杨家洼新石器时代遗址中，发现"用纯净的米黄色黏性土做原料，在红褐色地面上塑出的两条龙图腾图案。两龙均系头向南，尾朝北。"一号龙"身长1.4米、高0.77米，扁嘴，Y字形尾，昂首，挺身，扬尾，作飞腾状。"二号龙"身长0.8米、高0.32米，昂首展翅，轻盈飞翔。"遗址年代距今约8000年。

从考古发现两处8000年前的龙形图案，可知龙崇拜起源很早，至少已有八千年，也许会在一万年以前已经出现。至于龙出现的自然的和人文的原因，下面将继续探讨。

二、龙与北斗、四象

为了探索龙的起源，我们不仅要从地理、气候和生物上进行考察，而且要考虑天文的影响。恩格斯说："必须研究自然科学各部门的顺序发展。首先是天文学——游牧民族和农业民族为了定季节，就已经绝对需要它。"

地下发掘表明，在公元前一万年到前五千年，华夏大地已进入农业社会。人类的采集、渔猎时代长达数百万年，其中产生神话人物、圣人的时代约一万多年。按神话史，伏羲以龙纪，共工以水纪，炎帝以火纪；进入传说史时代的黄帝以云纪，少昊以鸟纪。这纪，划出了节气史发展的一个个时代。用于定季节的物候分别是蛇（龙）、雨雪河水（水）、太阳（火）、云彩（云）、候鸟（鸟）。

《左传·昭公十七年》云："太昊氏以龙纪，故为龙师而龙名。"太昊氏伏羲，是古代东夷族的部落联盟首领，东夷族以龙为图腾，太昊氏下面有青龙氏、赤龙氏、白龙氏、黑龙氏、黄龙氏等以龙为图腾的部落。伏羲和女娲都属神话传说时代的人物，形象为人面蛇身，也即人面龙身。当时东夷族人以蛇的出入蛰为

图2-1 人面蛇身的伏羲与女娲
图中显示的是一幅远古人类神话时代的情景，图中人物均为人面蛇身，人祖伏羲、女娲也不例外，在图中交尾相背而立，女娲执规，伏羲执矩，有规天矩地之意。（山东嘉祥武氏祠画像石）

物候指标，把一年分为冬夏两季。但真正的龙的崇拜，则是在蛇崇拜的基础上对东方龙星的崇拜，其原因是这些星宿对远古先民的授时意义。

正因为古人对龙星在定季节上的重要意义的深刻认识，于是产生了崇拜，并把蛇崇拜与之结合，把东方这些星宿命名"苍龙"，这是龙崇拜产生的真正原因。龙崇拜实际上是天体崇拜，星宿崇拜，是龙星崇拜。龙能潜伏、飞腾，均与龙星有关。至于龙的体态，则与地球上的蛇、鳄、蜥蜴等动物形态有关。

由于龙星有的时候会伏没于地平线下，观象授时就得依靠北斗七星的指向功能。华夏文明发祥于北纬36°左右的黄河流域，这里以北天极为中心，以36°为半径的圆形天区，是终年不没入地平的恒显圈。北斗是其中最重要的星象，呈围绕北天极作周年旋转，斗柄在不同季节呈不同指向。《鹖冠子·环流》云："斗柄东指，天下皆春；斗柄南指，天下皆夏；斗柄西指，天下皆秋；斗柄北指，天下皆冬。"古人依斗柄的指向与苍龙、白虎、玄武、朱雀四象二十八宿间建立了一种有效的关系。

李约瑟说："中国古代天文学家的确是用拱极星的上中天来指示看不到的宿的方位的。"

北斗七星这一特殊授时功能，受到先民的崇拜。《史记·天官书》云："斗为帝车，运于中央，临制四乡。分阴阳，建四时，均五

图2-2 天文图石刻/上图
图中刻苍龙星座，以及月亮。苍龙星以龙形与星宿位置对应。月亮中有玉兔、蟾蜍。（南阳汉画像石）

图2-3 斗为帝车/下图
图中，天帝端坐斗车之上，巡视回乡，前面是迎接他的臣民。斗之上还有龙、凤，暗示北斗与苍龙星、朱雀（凤凰）星在授时上的密不可分的关系。
[本图出自《金石索》（山东嘉祥武氏祠画像石）]

行，移节度，定诸纪，皆系于斗。"

依据斗柄最后二星可定出角宿的位置，找到龙角。汉武氏祠画像石有"斗为帝车"图，天帝端坐斗车之上，上有龙、凤，暗示北斗与苍龙、朱雀星座在授时上的密切关系。

冯时先生认为，西水坡龙虎墓并非一般墓葬，而是四象中的二象苍龙、白虎与北斗星象图，墓南边为天的拱顶，两根胫骨和蚌塑三角形为北斗，东边为青龙，西为白虎。冯时认为："这毫无疑问是北斗的图像。胫骨为斗杓，指向东方，会于龙首；蚌塑之角图案为斗魁，枕于西方。"

如此说成立，则中国四象中的二象与北斗授时至少在6000多年前已出现。至迟在公元前2世纪，四象体系已经形成。汉代有四象瓦当。

图2-4 汉代四象瓦当
天上四象为：东宫苍龙、西宫白虎、南宫朱雀、北宫玄武，其中玄武为灵龟与蛇两种动物的组合。在汉代有四象瓦当。

三、华表溯源

北京天安门前后各有一对华表，用汉白玉雕成。华表柱身雕盘龙，柱顶雕一蹲兽，叫犼，因其头朝天，也叫天犼。

关于华表的来源，有多种说法，一说为古代王者表示纳谏或指路的木柱。据晋崔豹《古今注·问答释义》："程雅问曰：'尧设诽谤之木，何也？'答曰：'今之华表木也。以横木交柱头，状若花也。形似桔槔，大路交衢悉施焉。或谓之表木，以表王者纳谏也。亦以表识衢路也。秦乃除之，汉始复修焉。今西京谓之交午木。'"

图3-1 华表
华表，多设于宫殿建筑前，也可设在城垣或桥梁的前面，作为一种标志和装饰。设在墓前叫"墓表"。华表顶部雕刻"坐龙"形象，坐龙面向南者俗称"望君出"，面向北者俗称"望君归"。（自刘大可，《中国古建筑瓦石营法》）

由以上文字，透露出华表来源的许多信息：一、华表，即花柱。"以横木交柱头，状若花。"二、华表为上传天意、下达民情的"诽谤木"，也即"通天柱"，故竖于大路交衢以便观仰。三、华表又称"表木"、"交午木"，即用于观测太阳影子的圭表。四、在城垣、宫殿、陵墓前边的华表，还保留着远古氏族的保护神或祖源神的遗意。说明华表渊源于氏族或部落的标记，即图腾柱（陆思贤，《神话考古》，1995）。

远古华夏的太昊氏以龙为图腾，因此，出现龙图腾柱是理所当然的事情。用龙图腾柱来观测日影也是自然之事。

图3-2 天安门前的华表/左图
天安门前两侧有一对华表，用汉白玉精雕而成，是明代遗物，上雕盘龙，实为龙柱。柱顶上雕朝天犼。

图3-3 天安门后的华表/右图
天安门前后各立华表一对。这是天安门后的华表，形式基本一样，由汉白玉精雕而成。

正如世界各地的古代曾普遍存在太阳崇拜一样，中国史前社会也盛行太阳崇拜，且太阳神是最高的天神。汉代郊祀之五帝，东方为春帝太昊，南方为夏帝炎帝，中央为季夏帝黄帝，西方为秋帝少昊，北方为冬帝颛顼。我们中华民族为炎黄的子孙。而"炎帝者，太阳也。"（《白虎通·五行》）"黄者光也，厚也，中和之色，德施四季"（《风俗通》引《尚书大传》）。可见炎帝、黄帝均为太阳神。昊字阳天从日，均训日之光明，故太昊、少昊均为太阳神。颛顼号高阳，即高高在上的太阳，也是太阳神。由上可知，五帝乃五方之太阳神。随着太阳崇拜之炽盛，氏族之首领成为太阳神，图腾崇拜与太阳崇拜合而为一。太昊氏的氏族，既崇拜龙，又崇拜太阳。用以观察日影的龙图腾柱，也逐渐被神化，成为神柱、神木、天地柱、通天柱。《淮南子·地形训》云："建木在都广，众帝所自上下，日中无景，呼而无响，盖天地之中也。"这"建木"即由华表神化而得。龙文化中融入了太阳崇拜的内容。且看汉代四象瓦当，青龙、白虎、玄武、朱雀瓦当的正中，都有一个圆点，这就是太阳的标志。

图3-4 天安门后华表柱顶的"犼"
华表柱顶的蹲兽叫"犼"，为古代神兽。天安门后的华表犼头朝里，寓意皇帝不要沉湎于宫廷宴乐，应出宫体察民情，称"望君出"；前华表犼头朝外，提醒帝王不应迷恋山水，应回朝勤政，故叫"望君归"。

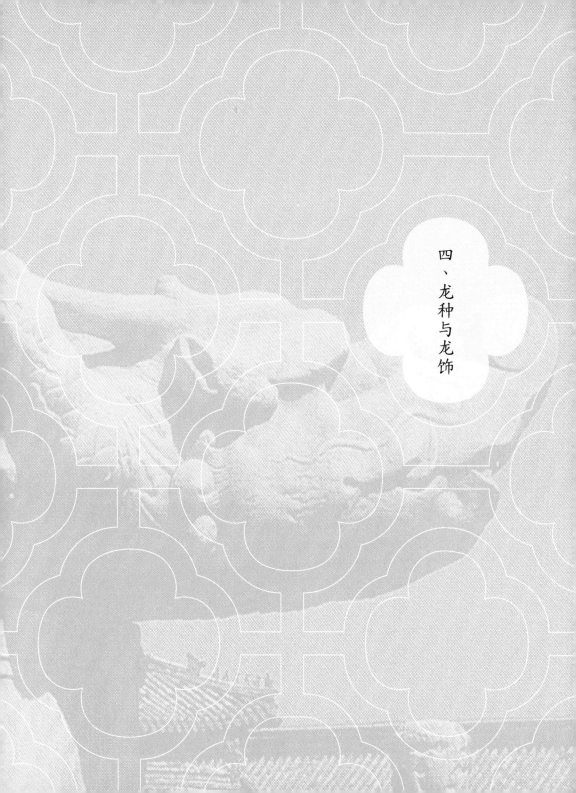

四、龙种与龙饰

说中华民族是龙的传人，与中华民族上古伏羲、炎帝、黄帝、尧、舜等首领、圣人都是龙种有关。伏羲人首蛇（龙）身，其母华胥履雷泽大迹，生伏羲（《太平御览》）。雷泽大迹应是龙迹无疑。炎帝（神农氏）是神龙所生。据《帝王世纪》："神农氏，姜姓也，母曰任姒，有蟜氏女，登为少典妃，游华阳，有神龙首，感生炎帝。"黄帝为黄龙体："轩辕黄龙体"（《史记·天官书》）。"（黄帝）人首蛇身，尾交首上，黄龙体"（《史记·天官书》注）。尧也是龙种："尧母庆都与赤龙合昏，生伊耆，尧也"（《太平御览》引《春秋合诚图》）。据《竹书记年》："帝舜有虞氏，母曰握登，见大虹，竟感而生舜于姚虚。目重瞳子，故曰重华。龙颜大口黑色，身长六尺一寸。"从上可知，远古的帝王、圣人都是龙种。龙的地位高贵可知。

图4-1 沈阳故宫大政殿的蟠龙柱

殿南边中间的两檐柱上，各有一条木雕金蟠龙，龙头上扬出于柱外，张牙舞爪向着两柱中间的宝珠，十分生动、凶猛。

图4-2 沈阳故宫崇政殿堂陛前方的龙柱
崇政殿宝座设亭式堂陛，其前方两柱各蟠一条木雕金龙，龙尾在上，龙首在下但扬起向内，姿态生动，与大政殿双龙首尾正好相反，形成对照。

然而，在汉代以前，龙的纹饰还不为皇帝所专有，一般的贵族也可用龙纹装饰房屋居室。西汉刘向的《新序·杂事》讲了"叶公好龙"的故事，就可说明这点。

叶公名沈诸梁，字子高，被封于叶，故人称叶公。"叶公子高好龙，钩以写龙，凿以写龙，屋室雕文以写龙。"

东汉大将军梁冀"作阴阳殿，……刻镂为青龙白虎，画以丹青云气"（《后汉纪》卷二十）。

由汉至唐宋元，龙逐渐成为帝王的象征，龙饰逐渐受到皇家的限制，但仍未被皇家专有。到明清，龙饰则成为皇家宫殿的重要装饰。下面以沈阳故宫和北京故宫为例说明皇家对龙饰的重视。

图4-3 故宫三大殿台基上的螭首
故宫三大殿建于三重台基上，每一重台基外都有龙头向外的螭首，以备雨天排泄雨水。"千龙吐水"是故宫一大景观。

图4-4 故宫乾清宫台基上的一排螭首以及望柱头上的龙凤雕饰/上图

一排螭首中,转角处的为最大,似为统率群龙之长。望柱柱头上依次为龙、为凤的雕刻。整个台基,成为龙凤的世界。

图4-5 太和殿内的沥粉金漆龙柱/下图

太和殿内外共有84根巨柱,殿内正中央共有两排6根沥粉金漆龙柱,通体遍饰金龙云山图案,与金龙藻井、贴金龙的和玺彩画、金龙宝座、座后的七扇金龙屏风交相辉映,更显得金碧辉煌,组成一个金龙的世界。

图4-6 裙板上的龙雕
太和殿的裙板以双龙戏珠为雕刻题材,上下绦环板各雕一龙,与旁边的相应的绦环板上的龙共同组成双龙戏珠的图案。

沈阳故宫的大政殿建于1626年,是清入关前举行大典之地。其平面八角形,重檐攒尖顶。其外观最显著的特点是正南向的入口处的两根木雕蟠龙柱,龙头上扬出于柱外,张牙舞爪,十分凶猛生动,充分显示出"龙威",即天子之威。崇政殿为皇太极日常临朝之地,面阔五开间,硬山顶,俗称金銮殿,全殿布满了龙饰。其正脊、垂脊、博缝、墀头均饰以蓝色行龙五彩琉璃饰,龙首均向上。殿下台基栏杆的望柱、栏板都雕满龙纹。檐柱和金柱间的穿插梁变成一条行龙贯穿室内外,檐下梁头雕为龙头,梁身雕为龙身,室内梁头雕为龙尾。全部龙首,成三组双龙戏珠图。崇政殿宝座设亭式堂陛,其前方凸出两柱上各有一条木雕蟠金龙,龙尾在上,龙首在下但扬起向内,姿态十

图4-7 故宫隔扇上用的金钉/上图
故宫主要殿宇隔扇上用的金钉，均饰以龙的图案，且多为双龙戏珠图案，以表示吉祥如意。图中所示则有十对双龙戏珠图案。

图4-8 养性殿的九龙额/下图
故宫有许多匾额以龙为饰，如养性殿额，中间以蓝色为地，上书金色满汉文"养性殿"三个大字，周围饰以九条金龙。

图4-9 故宫殿内的和玺彩画
故宫各殿内梁、枋、天花上各绘和玺彩画,以龙、凤为题材,龙形千变万化,但双龙戏珠是常见题材之一,龙体上都贴金,地多为绿、蓝,显得十分华贵、美丽。

分凶猛生动,与大政殿双龙首尾正好相反,形成艺术上的对照。

北京故宫龙的主题更加突出。殿宇台基外均有吐水的螭首,三大殿以汉白玉为台基三重,共计有螭首龙头1142个,雨天,可以看到千龙吐水的奇观。台基上绕以汉白玉栏杆,望柱头上雕刻云龙、云凤图案。三大殿台基上有1458根望柱,简直成了龙凤的海洋。

进入太和殿内,只见下有金龙宝座,座后有7扇金龙屏风,上有金龙藻井,更有满布梁枋天花的贴金和玺彩画,殿正中有6根沥粉金漆龙柱,与殿内万条金龙交相辉映,殿内的隔扇裙板也以龙为装饰,雕刻双龙戏珠的图案。整座殿堂金碧辉煌,形成一个金龙的世界。

北京故宫隔扇上的金钉、匾额、和玺彩画,均以龙为饰,龙文化渗透于故宫建筑的每一个角落。

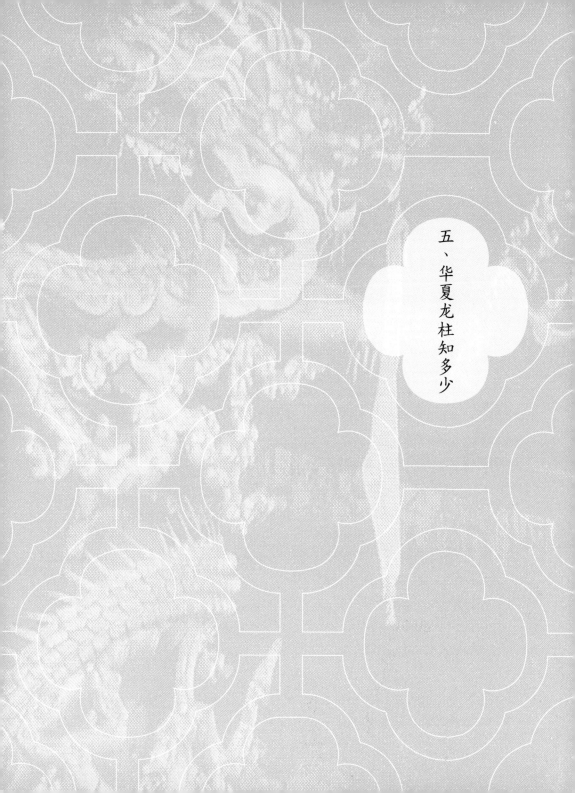

五、华夏龙柱知多少

虽说最早的龙柱应是龙图腾柱,但目前我们能查之有据的龙柱自汉代始。

山东微山县两城山桓桑终食堂画像中,柱子以龙纹装饰,该石刻于汉顺帝永和六年(141年)。

浙江海宁长安镇画像石墓的墓室北、西、东三壁均各雕有二根以龟为础座的蟠龙柱,龙为三爪。

华夏的龙柱若按龙的材质,可分为木雕、泥雕、石雕、沥粉金漆、金属和彩毯六类。

图5-1a~d 汉画像石上的龙柱
a.山东微山县两城山桓桑终食堂画像(李发林《山东汉画像石研究》,山东齐鲁书社,1982年);
b.c.d.浙江海宁长安镇东汉画像石墓的前室北、西、东壁的龟座蟠龙柱(岳凤霞、李兴珍《浙江海宁长安镇画像石》,《文物》,1984年3月:47-53)。
图中a的房子两柱蟠龙纹十分明显,不容置疑。图b、c、d上龙的姿态各不相同,龙的爪据拓片为三爪。

a

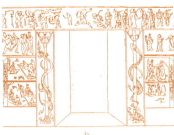

b

c

d

宋代的龙柱

a.晋祠圣母殿前廊的八条木雕蟠龙柱（宋元祐二年公元1087年雕）
b.剔地起突柱云龙（《营造法式》）
c.江油云岩寺飞天藏缠龙柱（南宋淳熙八年公元1182年）
d.四川大足飞龛石柱
e.四川大足北山136窟，转轮经藏石雕（南宋绍兴）
（b.d.c自蔡易安，中国龙凤艺术研究，河南美术出版社，1987）

图5-2a~e 宋代的龙柱

晋祠圣母殿前廊八条木雕蟠龙柱，姿态各异，是我国木雕蟠龙柱最早的实例（宋元祐二年，1087年）。四川江油云岩寺飞天藏缠龙柱也是现存较早实例（南宋淳熙八年，1181年）。

1. 木雕蟠龙柱

山西晋祠圣母殿的殿前廊柱，雕有木质蟠龙八条，为宋元祐二年（1087年）太原府吕吉等人集资所雕。八龙姿态各异，栩栩如生。圣母殿是我国现存木雕蟠龙柱最早的实例。

四川江油云岩寺飞天藏的八根缠龙柱为南宋淳熙八年（1181年）的遗构，也是现存木雕龙柱的较早实例。

图5-3 明清龙柱（一）
四川平武报恩寺华严殿的泥塑蟠龙柱金甲耀眼，势若腾飞，并保持了明代风格，如四爪、角分叉不多、龙嘴扁长等。沈阳故宫大政殿和崇政殿的龙柱，龙形凶猛，但姿态不同。

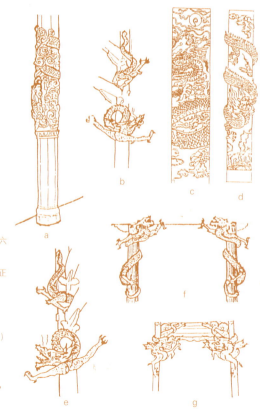

a.江陵太晖观（明洪武二十六年1393年）
b.c.平武报恩寺华严殿（明正统十一年1446年）
d.明式升龙抱柱上段
e.清式降龙抱柱
f.沈阳故宫大政殿（1636年）
g.沈阳故宫崇政殿（建于1632年之前）
（d.e.自徐华铛，中国的龙，中国轻工业出版社，1988）

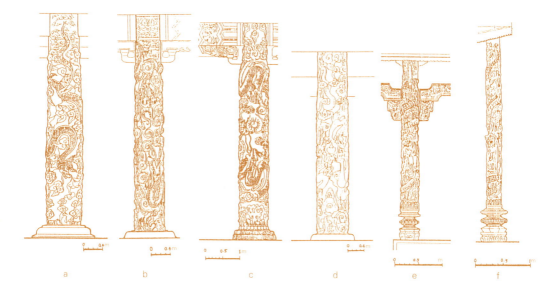

a　　　　　b　　　　　c　　　　　d　　　　　e　　　　　f

沈阳故宫大政殿前檐有二根木雕金蟠龙柱，是1636年的作品，崇政殿堂陛前两根龙柱则雕于1632年之前。两对金龙均张牙舞爪，气势逼人，但姿态各异，各有特色。

2. 泥塑蟠龙柱

四川峨眉山市飞来殿明间左右两柱上塑金身泥胎蟠龙各一条，有飞舞离柱而去之态。该殿建于宋元，龙柱亦有宋元风格。

四川平武报恩寺华严殿转轮藏周围的四根金柱各泥塑蟠龙一条，金甲耀眼，势若腾飞。平武报恩寺自明正统十一年（1446年）建成以来，一直保护得较好，未遭人为破坏，从蟠龙形态来看，保持了明代风格（如四爪、角分叉不多、龙嘴扁长等）。

3. 石雕龙柱

石雕龙柱是我国现存龙柱中最多的一种，

图5-4 明清龙柱（二）

曲阜孔庙的龙柱是突雕蟠龙石柱的代表作。雕镂水平以大成门内两侧龙柱和崇圣祠为最高，龙身翻转腾跃，姿态矫健。广东德庆龙母祖庙的6根蟠龙柱，以山门前檐的二根最佳，突雕透雕手法并用，典雅秀丽，亭亭玉立。

a.曲阜颜庙复圣殿（明成化至正德年间，公元1465—1521年）
b.曲阜孔庙崇圣祠（明弘治十七年1504年）
c.曲阜孔庙大成殿（清雍正七年1729年）
d.曲阜孔庙启圣殿（清雍正七年）
e.广东德庆龙母祖庙山门（清光绪三十一年1905年）
f.龙母祖庙香亭（清光绪三十一年）
（a.b.c.d自《曲阜孔庙建筑》）

其广布全国各地，且依其雕刻形式，又可分为剔地起突蟠龙柱、圆雕龙柱、透雕云龙柱和减地平钑云龙柱等多种形式。

① 突雕蟠龙石柱

突雕蟠龙柱即剔地起突蟠龙柱。剔地起突，即高浮雕或半圆雕，特点是装饰主题从建筑构件表面突出较高，"地"层层凹下，层次较多，雕刻的最高点不在同一平面上，雕刻的各种部位可以互相重叠交错。

突雕蟠龙石柱的代表作是曲阜孔庙的龙柱。曲阜现有起突云龙柱22根，体量高大以大成殿为最（高6.1米，径0.85米，径高比约1/7），制作年代以颜庙复圣殿（明成化至正德

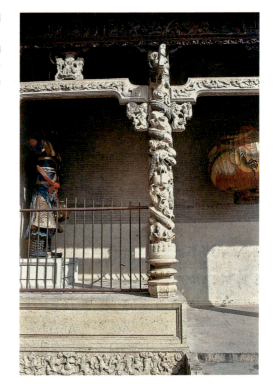

图5-5 广东德庆龙母祖庙山门前石龙柱
山门前两根蟠龙柱，突雕和透雕手法并用，每柱各雕升龙一条，生动自然而不凶猛，与崇龙母的民俗相合，为岭南龙柱一绝。

图5-6 贵州安顺文庙大成殿的透雕云龙柱/上图

两根透雕的云龙柱，高6米，径0.8米，径高比为1/7.5，下面以石狮柱座承托，每柱各雕云龙一条，雕工精巧，剔透玲珑，为国内罕见。

图5-7 云南建水文庙的龙柱铜屋/下图

在建水文庙内，有一个清乾隆年间铸造的铜鼎香炉，上为一铜屋，铜屋的四柱上各有一条铜蟠龙，姿态生动。细察这座铜屋，其艺术风格为云南的地方建筑风格。

年间，1465—1521年）和孔庙崇圣祠[明弘治十七年（1504年）]为古，雕镂水平以大成门内两侧龙柱和崇圣祠为最高。大成门的蟠龙石柱龙身躯翻转腾跃，姿态矫健，毫不刻板，云的形象自由而不程式化。崇圣祠二柱稍逊之，然升降龙身躯屈曲有力，刻画自然，云形活泼。复圣殿和大成殿龙柱水平大体相当，又略逊之。启圣殿龙柱又居复圣殿和大成殿之下。

广东德庆龙母祖庙，山门和香亭各有突雕石龙柱两根和四根，又以山门前两根为更佳。山门前的两根蟠龙柱，突雕和透雕手法并用，每柱各雕升龙一条，柱高4.3米，径0.35米，径高比约1/12，典雅秀丽，亭亭玉立，石珠可在龙嘴内滚动，龙形生动自然，亲切而不凶猛，

图5-8 荆州太晖观的龙柱
湖北荆州太晖观建于西门外1公里的太晖山上，为明洪武二十六年（1393年）遗构。原为湘献王朱柏所建王宫，其规模和装饰超过他应享受的等级，如石龙柱等，被告发有反叛之心，朱柏急改为道观，但仍落个自焚而死的下场。太晖观有6根龙柱，龙态生动，作欲飞状。

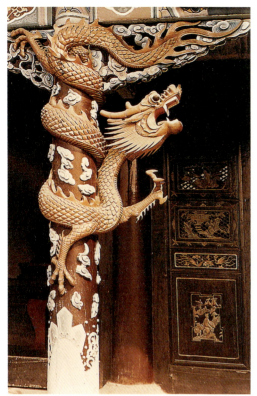

图5-9 湖南大庸普光寺大雄宝殿前蟠龙柱/左图

湖南大庸普光寺位于市区东,创建于明永乐十一年(1413年)。大雄宝殿亦创于明,经清朝多次重修,尚保存明代做法。大雄宝殿前檐明间有一对蟠龙柱,为后世重塑,两龙昂首蟠柱,张牙舞爪,神态生动。

图5-10 湖南大庸普光寺大雄宝殿前蟠龙柱/右图

图5-11 云南建水文庙大成殿蟠龙柱
云南建水文庙始建于元至元二十二年(1285年),经历代50多次扩建增修,规模巨大。大成殿左右檐角的擎檐柱,为蟠龙石柱,上半部各雕云龙抱柱,雕工精细,形态生动。

与西江古民俗即崇龙、崇龙母相合,为突雕龙柱一绝。

突雕蟠龙石柱现存较早实例为四川大足北山136窟转轮经藏石雕的八根龙柱,刻于南宋绍兴年间(1131—1162年)。

② 圆雕蟠龙石柱

这类龙柱较少,宋代大足宝顶山毗卢道场四支石柱各雕一圆雕蟠龙,姿态生动。

③ 透雕云龙石柱

透雕乃介于圆雕和浮雕之间的一种刻法,在浮雕的基础上,镂空其背景部分。

图5-12 湖南长沙麓山寺大雄宝殿龙柱/左图
麓山寺位于长沙岳麓山腰,为湖南最早的一座佛寺,始建于晋泰始四年(268年)。历遭兵火之灾,山门、观音阁等为清代遗构。大雄宝殿为1989年后重建,殿中有一对龙柱,神态生动。

图5-13 成都青羊宫八卦亭龙柱/右图
八卦亭位于青羊宫三清殿前,为清同治、光绪年间所建。中央藻井饰有八卦图案,故名八卦亭。八根石柱均雕蟠龙,姿态各异,生动传神。

安顺文庙大成殿前檐正中有二根透雕的云龙柱，下以石狮柱座承托。柱高6米，径0.8米，径高比为1/7.5，金柱华丽精美，每柱各刻一蟠龙，玲珑剔透，国内罕见。

④ 减地平钑云龙柱

减地平钑即"剪影式"凸雕。它的基本特征是：凸起的雕刻面和凹下去的"地"都是平的。其较之突雕，加工较易，费工较少，所以用得较多。

减地平钑云龙柱也以曲阜孔庙为代表。大成门除明间两侧用突雕龙柱外，第一次间和第二次间两侧檐柱皆用减地平钑小幅云龙柱。大成殿则在两山及后檐用减地平钑小幅云龙柱。启圣殿、复圣殿也用了此式石柱。

4. 沥粉金漆龙柱

沥粉金漆龙柱以故宫太和殿为代表。殿正中有两排6根沥粉金漆蟠龙柱，敷色贴金，龙身翻飞，十分宏丽壮观。

5. 金属龙缠柱

河北遵化市清东陵之普陀峪定东陵（慈禧陵）隆恩殿内有64根金龙缠柱，柱身嵌附有镏金铜片制成的半立体状飞龙，用弹簧控制，龙头龙须可随风摇动，如同真龙凌空。

在云南建水文庙中，有一个龙柱铜屋，下为铜鼎香炉。这铜屋完全按云南地方建筑风格铸造，其四柱上各有一条铜蟠龙，姿态生动。

6. 彩毯龙裹柱

青海塔尔寺的大经堂有168根木柱，其中60根在墙内，108根明柱皆围裹有蟠龙图案的彩色藏毯，堂内五彩缤纷，具有浓郁的地方特色。

以上分类是以龙的材质分类。若以龙的姿态来分，则有降龙、升龙之分。若以龙在一柱中数量来分，则有的一柱一龙，有的一柱双龙，有的一柱多龙。如曲阜颜庙复圣殿前檐第二次间两侧檐柱，平面八边形，每面各二条减地平钑降龙，一柱有降龙16条。

湖北荆州太晖观，建于明洪武二十六年（1393年），原为朱元璋第十二子朱柏所建王宫，因有龙柱等超越等级，被告反逆，朱柏忙改为道观，但仍不免自焚而死。太晖观大殿前廊有4根，后廊有两根突雕青石云龙柱，龙头伸出柱面约1尺，势欲飞去。

湖南湘潭关圣庙春秋阁前有突雕汉白玉蟠龙柱一对。

湖南大庸普光寺大雄宝殿前有一对蟠龙柱，为后世重塑，两龙昂首蟠柱，神态生动。

山西蒲县东岳庙献亭四角为盘龙石柱，前两条为元代所雕，旋回蜿蜒，盘曲自然，后两条为明代作品。

河北卢龙县尊胜陀罗尼经幢，为金大定九

图5-14 泉州天后宫天后殿前下檐龙柱

泉州天后宫为明永乐十三年（1415年）所建。天后殿前的一对青石龙柱，雕刻的盘龙曲折蜿蜒，腾云驾雾，舞爪张牙，栩栩如生，其右柱尤其传神。相传二柱为师徒二人所雕，二人皆为郑成功部下，郑反清失败后，二人隐姓埋名当石工。

至十一年（1169—1171年）重建，石幢第一层有盘龙柱8根。

山西解州关帝庙崇宁殿为清康熙五十七年（1718年）遗构，殿周廊有蟠龙石柱26根。

普陀山多宝塔为元元统二年（1334年）所建，第二层为蟠龙柱，龙形生动。

河南郏县文庙大成殿，前檐四根木柱通体透雕云龙，柱头刻虎首，雕刻精美，为清代木雕佳作。

云南建水文庙大成殿左右檐角的擎檐柱，为蟠龙石柱，上半部各雕云龙抱柱，雕工精细，形态生动。

昆明圆通寺大雄宝殿内有两根蟠龙柱，巨龙似聆听讲经，又似欲飞腾，形象独特。

广东汕头妈屿岛天后古庙有两根石龙柱。

湖北当阳关陵也有石龙柱。

长沙麓山寺大雄宝殿有一对龙柱，神态生动。

成都青羊宫八卦亭有八根龙柱，为清同治、光绪年间所建，八根石柱各雕一龙，姿态各异，生动传神。全亭共有81条龙，象征老子81化。

闽台两地龙柱尤多，雕刻技艺也十分精湛。

晋江龙山寺殿前有突雕青石龙柱。

永春县蓬壶镇普济寺大雄宝殿前有4根突雕龙石柱。

漳州文庙有龙柱。

龙海市白礁村慈济祖宫有十根青石龙柱，形态生动，翘首欲飞。相传郑成功率兵从白礁赴台抗荷，因缺木料做战船桅杆，向该宫借十根大木柱，许愿平夷之日归还。后其子秉承父志，由台湾雕十根精美龙柱运至白礁，传为佳话。

泉州天后宫王后殿前有一对青石突雕蟠龙柱，张牙舞爪，栩栩如生。其右柱尤其传神。相传两柱为师徒二人所雕。二人原为郑成功旧部，郑抗清失败后，二人于是隐姓埋名，当了石工。师先雕成左龙柱，受到赞许。徒弟不甘落后，潜

图5-15 呼和浩特大召寺大殿内的龙柱
呼和浩特大召寺始建于明万历七年（1579年），大殿也是明代木构。大殿三世佛像前正中有一对蟠龙柱，各塑升龙一条，共组成双龙戏珠图。龙为金龙，生动刚猛，极为罕见。

心研究，一日大雷雨，有龙盘于其室中柱上，于是依真龙雕成右柱。

台湾龙柱也极多，台北龙山寺有八对大龙柱。台北孔庙大成殿、台北南瑶宫内均有龙柱。安平西龙殿、城隍庙、伍德宫、广济宫、三灵殿、文朱殿、开台天后宫均有突雕石龙柱。

闽台龙柱多的原因是与其文化传统有关。闽人以蛇为图腾。蛇又称为"小龙"。随着民族和文化的融合，龙成为中华民族共同崇拜的神圣之物，故原先崇拜蛇的闽人对龙尤为崇仰，尤喜用龙饰。

台湾高山族人以蛇为图腾，汉人则多来自闽、粤，因此，台湾也多龙饰。

龙柱不仅在汉人聚居之地常可见到，在少数民族聚居之地也可见到。呼和浩特大召大殿的一对蟠龙，就是例子。大殿佛像前的一对柱子，各蟠金升龙一条，形象生动刚猛，组成二龙戏珠的图案，其形象独特，极为罕见。

六、华夏的龙壁艺术

龙为神圣吉祥之物，龙为天子的象征，因此，以龙来装饰墙壁，尤其是入口处的翼墙、照壁，便形成龙壁。龙壁有独龙壁、双龙壁、三龙壁、四龙壁、五龙壁、九龙壁，华夏的龙壁艺术绚丽多姿，琳琅满目。

讲到龙壁艺术，我们首先想到山西，山西可谓"龙壁艺术之乡"。仅以明代的琉璃龙壁而论，就有新龙、二龙、三龙、五龙、九龙等多种。其中九龙壁三座，分别在大同、平遥和平鲁。可惜十年浩劫后，三壁仅存大同一壁。另外，有五龙壁三座、三龙壁三座、二龙壁四座、新龙壁一座，分布在大同、代县、介休、太原、清徐、榆次、长治、运城、闻喜、汾阳、临汾、襄汾、翼城等地。在山西众多龙壁中，大同就有三座（观音堂前三龙壁、善化寺西跨院内从兴国寺山门前迁来的五龙壁），大同不愧为"龙壁之城"！

图6-1a,b 山西大同九龙壁（部分）/对面页上图
这是我国现存年代较早、规模最大的一座九龙壁，原为朱元璋第十三子朱桂代王府前照壁，建于明洪武二十五年（1392年），壁长45.5米、高8米，厚2.02米。九条云龙造型古朴，手法简洁，生动逼真，蔚为壮观，由五彩琉璃砌成。（自蔡易安《中国龙凤艺术研究》）

图6-2 湖北襄樊绿影壁（回龙壁）/对面页下图
在襄阳城东南隅。全用青绿石料刻砌而成。原为襄王府前照壁，建于明正统元年（1436年）。宽25米，高约7米，厚1.6米。中间刻双龙戏珠，每边各刻一龙舞于海水流云之间。周边雕小龙九十九条，姿态各异。（自白文明《中国古建筑艺术博览》）

a

b

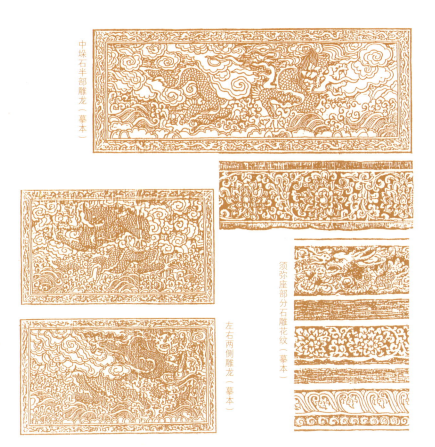

中垛石半部雕龙（摹本）

左右两侧雕龙（摹本）

须弥座部分石雕花纹（摹本）

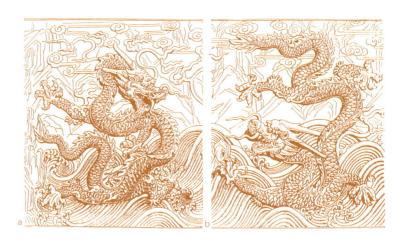

图6-3 北京北海九龙壁（局部）
北海九龙壁位于北海公园北岸天王殿西，建于清乾隆年间。面阔25.86米，高6.65米，厚1.42米。壁前后各有九条大龙，形态各异，另有多式小龙，大小龙总共635条。九龙壁用七彩琉璃砌筑，古朴大方，色彩绚丽。（自蔡易安《中国龙凤艺术研究》）

在山西众龙壁中，最杰出的代表作是大同九龙壁。它是朱元璋第十三子朱桂代王府前照壁，建于明洪武二十五年（1392年），长45.5米，高8米，厚2.02米。壁面364平方米，由426块五彩琉璃镶嵌而成。下为须弥座，束腰壶门之内，有狮、虎、象、麒麟等动物。照壁之顶覆以瓦顶脊饰，斗栱、额枋、垂柱、飞椽。壁心有九龙，飞舞洒脱，升降自如，奔腾于波涛海云之间。中心为棕黄色坐龙一条，四爪分置，头居中央，龙尾向后摆动，雄健有力。左右八龙，曲折翻转，姿态各别。壁前一池碧水，龙壁倒映池中，九龙浮波，分外美丽。大同九龙壁以年代最古，规模最大，造型精湛，冠于全国。

图6-4 故宫皇极门单面九龙壁
是清代现存三座九龙壁之一，宽29.4米，高3.5米，九龙姿态各异，栩栩如生，第五龙呈团龙状为其特色。

　　湖北襄樊的绿影壁也是不可多得的龙壁艺术珍品。它原为襄王的前照壁，建于明正统元年（1436年）。该壁全用青绿色石料雕砌而成，全长24.935米，分三堵，中堵高7米，厚1.6米。中堵雕双龙戏珠，珠已失，遗孔径约40厘米。东西两堵各雕一龙舞于海水流云之间，姿态生动传神。四周边框雕小龙99条，姿态各异。绿影壁造型庄重，雕刻精丽，国内罕见。

　　北京北海九龙壁是中外闻名的龙壁艺术珍品。北海九龙壁位于北海公园北岸天王殿西，建于清乾隆年间，长25.86米，高6.65米，厚1.42米。顶部为庑殿式，底座为青白玉石台基，上有黄、蓝琉璃须弥座，座上为壁面，

051

前后壁面各有九条龙浮雕,龙形各异,生动威猛。除两壁各有九条大龙之外,壁的正脊、垂脊、筒瓦等地方都有龙形。正脊上有16条行龙,2条座龙,多踩斗栱下面也各有一条龙,总共大大小小有635条龙。九龙色分五彩,壁以蓝色为底,烧制祥云背影,如澄碧长空。九龙神态各异,腾舞于长空、云、海、山崖之间。壁两端之东面为旭日东升、江崖海水、流云图像,西面为明月当空、江崖海水、流云纹饰。东日西月,日月交辉。北海九龙壁原是为其北面的真谛门(内有大圆镜智宝殿)而修建的。民国8年(1919年),其北面的门、殿俱毁,这一艺术珍品保留至今,实属万幸。

还有一座清代九龙壁在故宫内。故宫皇极门西的单面九龙壁,宽29.4米,高3.5米。九龙龙身分五彩,神态各异,栩栩如生,第五龙居中,为黄色,呈团龙状,为故宫九龙壁特色。故宫九龙较北海九龙细长窈窕,飞舞腾跃于碧波之上,显得生动可爱,更富装饰趣味。

虽说九龙壁在诸龙壁艺术中已登峰造极,谈及其他龙壁,大有"黄山归来不看岳"之感,但须知华夏之大,各地龙壁艺术各有千秋,不可忽视各地风格。如沈阳昭陵正红门左右翼墙琉璃龙壁,就很有特色。正红门两翼墙长8.5米,高5米多。上浮雕五彩琉璃蟠龙,左右两龙,一龙为青绿色,一龙为蓝黑色,两龙龙头相向,拱卫皇陵,昂首舞爪,腾空跃起,光彩耀眼,生动威猛,为清代龙壁艺术佳作。

a

b

图6-5 沈阳昭陵（北陵）正红门左右翼墙琉璃龙壁

昭陵又称北陵，为皇太极与孝端文皇后的陵寝。建于清崇德八年（1643年），竣工于顺治八年（1651年）。正红门两翼墙（又称袖壁）长8.5米，高5米多，上浮雕五彩琉璃蟠龙，两龙头均向门，一龙为青绿色，一为蓝黑色，腾空跃起，昂首舞爪，生动逼人，光彩夺目，为龙壁佳作。

053

图6-6 呼和浩特大召寺墙上的龙塑/前页
大召寺围墙上的龙塑,以黄蓝绿三色为主,在红墙的映衬下显得格外引人注目。图案正中为藏传佛教壁饰中常可见到的"十相自在",在外绕以双龙戏珠,双龙成为拱卫"十相自在"的护法。

藏传佛教建筑中也多龙饰。呼和浩特大召外墙上的龙塑,也十分引人注目。在红墙的背景下,龙壁以黄蓝绿三色为主调,塑双龙戏珠图案,正中为佛教的"十相自在",这龙壁艺术充分体现了藏传佛教的宗教艺术特色。

四川成都刘备墓照壁上的龙饰又别具一格。图案为方形,四角向上下左右,中间为双龙戏珠图案,龙形亲切可爱,温文尔雅,绝无凶猛威严之状,甚为特别。或许刘备盛享爱民美名,蜀人以此龙饰象征刘备,风格与其他龙壁大相径庭。

图6-7 成都武侯祠刘备墓照壁上龙饰
刘备墓照壁上的龙饰,呈双龙戏珠状,但龙形温文尔雅,绝无凶猛威严之状,富于装饰意味,而又别具一格。

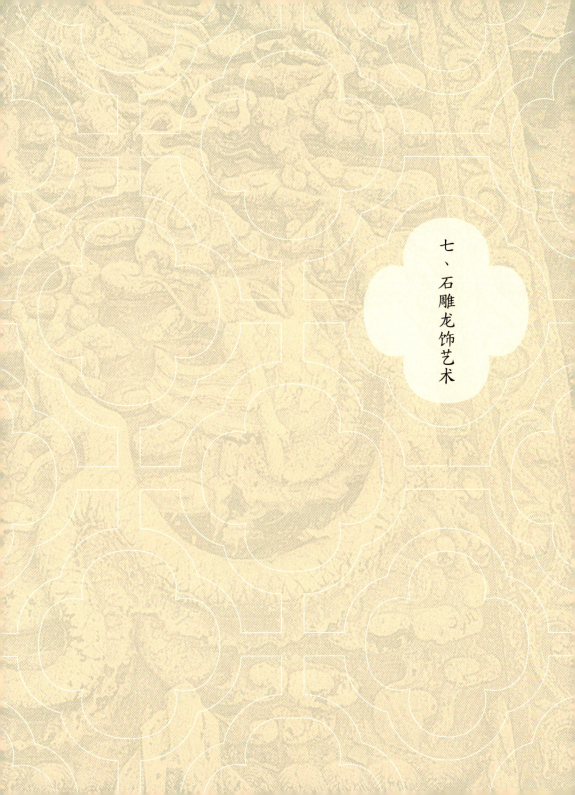

七、石雕龙饰艺术

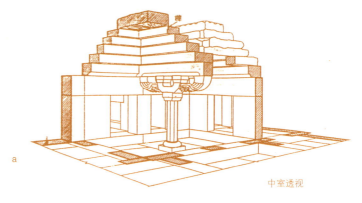

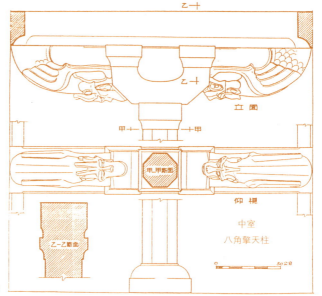

图7-1 山东沂南古画像石墓中室的擎天柱及龙形拱

沂南古画像石墓建于东汉晚年（约193年以前）。其中室与后室斗栱两旁，有倒衔的双龙，这是极为罕见的。用龙形栱的原因，与墓主人升仙的愿望有关。龙是神兽，人骑龙可以升天。中室的擎天柱即通天柱，以龙为依托，墓主人希望因此可成仙升天。（自曾昭燏、蒋宝庚、黎忠义合著《沂南古画像石墓发掘报告》，文化部文物管理局出版，1956年）

　　以龙为建筑装饰，石雕为重要的一个方面。石雕龙饰艺术，除前述石龙柱外，尚有石龙拱、石雕龙栏板、龙望柱、龙石础、云龙雕石等。

图7-2 北魏司马金龙墓出土的蟠龙石柱础

蟠龙石柱础于1966年发现于大同市一座古墓——北魏太和八年（484年）司马金龙墓中。这种蟠龙柱础共4件，浅灰色细砂石质，通高16.5厘米。上部为鼓状覆盆，顶部雕成莲花形，周围为高浮雕的蟠龙与山形。下部为方座，浮雕蟠绕的忍冬纹、云纹等纹饰和伎乐童子。（自蔡易安《中国龙凤艺术研究》）

a

b

图7-3 赵州安济桥的石栏板和望柱上的龙雕（隋）

赵州桥建于隋（581—618年）。1953—1956年在桥下河床挖到若干隋代桥的栏板和望柱，上面的龙雕丰富多样，姿态万千，尤其穿壁龙，更是不可多得的石雕艺术珍品。

a

b

c

d

a.龙头栏板
b.双龙蟠绕拏踞
c.双龙相交头相背
d.双龙相交头相向
e.穿壁龙
f.望柱上蟠绕的坐龙
（e图自蔡易安《中国龙凤艺术研究》，余图自白文明《中国古建筑艺术博览》）

e

f

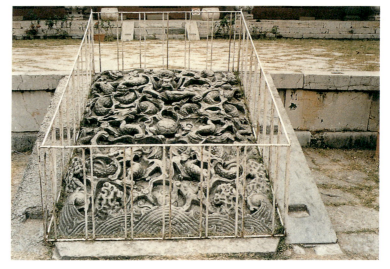

图7-4 故宫保和殿后云龙雕石/上图
这块云龙石雕造于明代,清乾隆年间曾磨后重雕。总长16.57米,宽3.07米,重约250吨,为宫内最大的石雕。上雕有山崖、海水、祥云和九条游龙,雕工精湛,形象生动。

图7-5 湖南澧县文庙大成殿前云龙雕石/下图
该庙原建于宋,明初迁建澧县南门内,清顺治六年(1649年)重建。大成殿丹墀前的云龙雕石,运用高浮雕手法,雕刻海水、祥云和双龙戏珠的图案,形态生动。

山东沂南古画像石墓的中室及后室的斗栱两旁，有倒衔的双龙栱。这是很罕见的。分析其原因，应与墓主人有成仙升天的愿望有关。龙是通天的神兽，人骑龙可以成仙升天。传说中黄帝就是骑龙升仙的。中室的擎天柱顶天立地，也即通天柱，以龙为通天柱之栱，表达了墓主人希望可以实现成仙升天的愿望。

1966年，大同市发现了一座北魏太和八年（484年）的司马金龙的古墓，古墓中出土了蟠龙柱础四件。柱础为墓室棺床屏风之础。

图7-6 华山西岳庙大殿前云龙雕石
该庙又称华岳庙，是祭祀西岳华山神的庙宇，规模宏大。其大殿灏灵殿是陕西现存最大的殿堂建筑。大殿前的云龙雕石刻双龙戏珠图案，形态生动，雕工精细。

浅灰色细砂石质，通高16.5厘米。上部为鼓状覆盆，顶部雕成莲花形，周围为高浮雕的蟠龙与山形。下部为方座，浮雕盘绕的忍冬纹、云纹等纹饰和伎乐童子。四件柱础中，有两件在四角各雕一个伎乐童子作击鼓、吹觱篥、弹琵琶、舞蹈等姿势，方座上每侧浮雕两童子作不同舞姿。另两件础座每侧浮雕四五个舞姿各别的伎乐童子。四柱础造型优美，雕工精细，龙与童子栩栩如生，为石雕艺术的珍品。

河北赵州桥的石雕龙饰艺术也是不同凡响。赵州桥建于隋（581—618年），为李春所建。20世纪50年代在桥下河床中挖到若干隋代桥的栏板和望柱，有不少以龙为饰，构思

图7-7 四川梓潼大庙的云龙雕石
四川梓潼七曲山大庙为南宋绍兴十年（1140年）宋高宗下诏以王宫格局改建的全国第一个文昌宫，祭祀禄神文昌帝君张亚子。大庙正殿前有一块云龙雕石，上雕九龙游舞于海水祥云之间，雕工精细，龙形生动。雕石二旁为二十四级石阶，象征二十四孝。

图7-8 明中都宫殿蟠龙石础/上图

明中都（安徽凤阳）的蟠龙石础，2.7米见方，高1.1米（未至底）。石础上盘一圈高15厘米、宽32.5厘米的云龙，形态生动。雕龙外围直径1.9米，内圈直径1.25米，深7厘米，为柱坑。

图7-9 明中都宫殿基座束腰上的龙雕/下图

经600余年沧桑，明中都宫殿遗址还残存若干石刻。这是建筑基座束腰处的云龙雕刻，龙形粗壮，神态生动，脚有五爪。

巧妙，千姿百态，令人叫绝。有在望柱上雕坐龙的，栏板有以龙头为饰的，有双龙蟠绕挐踞的，有双龙相交头相背的，有双龙相交头相向的，更有穿壁龙享誉中外，堪称艺术珍品。

云龙雕石御路是帝王才能享用的，而故宫保和殿后三台下部的云龙雕石是国之珍宝。该云龙雕石长16.57米，宽3.07米，厚1.7米，重约250吨，由一块完整的巨大的艾叶青石雕成，是故宫内最大的石雕。其石质柔韧。周边雕刻卷草连绵，下雕江海，中为九龙游于流云中，自然而生动。两侧踏跺浮雕狮马等图案，主次分明。其用材之巨，造型之佳，雕镂之精，构思之妙，均为云龙雕石之代表。

各地云龙雕石也不乏佳作。如湖南澧县文庙大成殿前的云龙雕石，运用高浮雕手法，雕刻海水、祥云和双龙戏珠图案，形态生动。华山西岳庙大殿前云龙雕石，刻双龙戏珠，形态

图7-10 明中都宫殿石栏杆雕饰
明中都宫殿石栏杆雕工精细，用料粗壮。石栏板上的云龙雕刻，龙形矫健、生动，龙周围边框的花草雕刻得很精致，体现了皇家的富丽堂皇的气派。

图7-11 安徽歙县呈坎宝纶阁香草龙石栏板
宝纶阁在呈坎村头,建于明万历三十九年至四十五年(1611—1617年),建阁是为了珍藏历代皇帝赐予罗氏的诰命、诏书等恩旨纶音。因与皇帝恩旨纶音有关,其栏板装饰用了香草龙的双龙戏珠图案,雕工精巧细致。

生动，雕工精细。四川梓潼七曲山大庙正殿前有一云龙雕巨石，上有九龙，栩栩如生。九龙雕石二旁为24级石阶，象征二十四孝。

明中都（凤阳）的石刻龙饰甚多，有2.70米见方的蟠龙石础，有宫殿基座束腰上的龙雕，以及宫殿栏杆石栏板上的龙饰，都雕刻精致，龙形生动、粗壮威猛，体现了皇家富丽堂皇的气派。

一般的百姓家是不能用龙饰的。安徽歙县呈坎村的宝纶阁，用于珍藏历代皇帝赐予罗氏的诰命、诏书等，故其栏板用了香草龙的双龙戏珠图案，虽非真龙，却也精巧雅致，另有一番韵味。

八、木雕龙饰艺术

图8-1 故宫养心殿藻井
故宫只有在重要的建筑内才用藻井。养心殿为皇帝办理日常政务之地,故有藻井。藻井常为上圆下方,以象征天圆地方,方井上设斗栱,承托中部的八角井。在上部圆形盖板(又称明镜)之下,雕有金龙,口中悬珠。井中用金漆斗栱,显得金碧辉煌。

木雕龙饰艺术内容广泛,包括宫廷殿宇内的藻井、花罩、雀替、斜撑以及各种木构件如梁、枋、斗栱、隔扇裙板等龙雕。其中,档次最高的当然属雕有蟠龙的藻井了。

紫禁城内并非每一建筑都有藻井,藻井只用于庄严尊贵的殿宇内。如皇帝举行大典的太和殿,寓意天地交泰、帝后和睦的交泰殿,皇帝办理政务的养心殿,去天坛祭祀前使用的斋宫,乾隆皇帝准备当太上皇时使用的皇极殿,供奉玄天上帝的钦安殿等重要建筑物,都有藻井,而后妃居住的东西六宫,由于等级所限,都不装饰藻井。藻井造型大体是上圆、下方,中以八角井过渡。

养心殿为皇帝理政之地,故有金龙藻井,上圆下方,以象征天圆地方。方井上设斗栱,承托中部的八角井,用多道抹角枋,构成三角(又称角蝉)和菱形,上面雕刻龙凤纹。抹角枋上承圆井,井口上施一圈小斗栱,承托圆

图8-2 故宫养性殿藻井/上图

养性殿藻井也由三部分组成,上部圆井,中部八角形,下部为方井,与养心殿藻井很相似,但也有一些差别,一是明镜之下雕龙形态有别,龙口下悬明珠也不相同,二是方井、八角井的井口,养心殿用绿色,养性殿用蓝色。

图8-3 南岳庙奎星阁蟠龙藻井/下图

南岳庙位于湖南衡山南岳镇。奎星阁位于中轴线上,原名盘龙亭,实为戏台,光绪八年(1882年)重建,原有木雕游龙藻井,已毁,此藻井为近年重建之作,富有地方乡土气息。

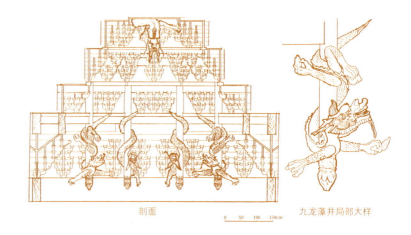

剖面　　九龙藻井局部大样

图8-4 法雨禅寺圆通殿九龙藻井

普陀山法雨禅寺圆通殿又称九龙殿，建于康熙三十年（1691年），是法雨禅寺的主殿。殿内九龙藻井，形制独特，除明镜下雕一龙外，藻井上垂下八根垂莲柱，每一柱上雕蟠龙一条这是独一无二的做法，有很高的艺术价值。（自赵振武、丁承朴著，《普陀山古建筑》，中国建筑工业出版社，1997年）

形盖板（又称明镜）。在顶心、明镜下面雕蟠龙，口中悬珠。井口用金漆斗栱，整个藻井以金龙为主题，显得金碧辉煌又富丽堂皇。

养性殿的藻井与养心殿很相似，也由上、中、下的圆井、八角井、方井组成，但细看就可发现差别，两者明镜之下所雕蟠龙形态有别，龙口下悬明珠也不相同，而且方井、八角井的井口，养心殿用绿色，养性殿用蓝色。

故宫的龙井固然是艺术瑰宝，属阳春白雪。让我们看看南岳庙奎星阁的蟠龙藻井。奎星阁原名盘亭，实为戏台，其木雕龙井为近年重建之物，上雕双龙戏珠图案，色分五彩，有着浓重的乡土气息。

普陀山法雨禅寺圆通殿的九龙藻井，是华夏龙井一绝、圆通殿又称九龙殿，为法雨禅寺的主殿，建于清康熙三十年（1691年）。殿内藻井，除明镜下雕一龙外，藻井上垂下八根垂

图8-5 呼和浩特大召寺建筑花罩之龙饰/上图
其花罩之龙饰具有浓厚的宗教气氛。花罩正中为一佛像,下为莲花宝座,周围祥云飘绕。两龙各在佛像一旁,似为佛之护法。花罩两边下部各有一座喇嘛塔。

图8-6 龙母祖庙妆楼之龙母床及金龙花罩/下图
广东德庆悦城龙母祖庙的妆楼上放有龙母床,床罩上雕二对双龙戏珠图案,正中又有一龙,共为五龙,与龙母有五龙子的传说相合。床前有花罩,正中雕两狮子耍绣球,两边各一龙,构成双龙戏珠图案,双龙外边各一舞凤。龙、凤、狮子均栩栩如生,雕工精丽,涂以金漆,光彩照人。

图8-7 四川阆中清真寺前檐装饰/前页

该寺前檐的斗栱，普拍枋和额枋、雀替装饰着花草、鸟、福、寿等图案，而且饰以龙纹，龙形婉转自然，生动亲切而不显得威猛。

图8-8
成都青羊宫斜撑上的龙饰
四川、湖南等地古建筑爱用斜撑支持上部结构，并在斜撑上饰以狮、虎、龙、凤等吉祥之物。成都青羊宫的斜撑上雕以龙饰，色彩明艳，形态生动。

莲柱，每一柱上雕蟠龙一条，共为九龙，为建筑龙雕艺术的杰作。

花罩以龙为饰并不少见。但呼和浩特大召的建筑花罩具有浓厚的喇嘛教特色。花罩正中为一佛像，坐于莲花宝座之上，周围为祥云。两龙各在佛像一旁，拱卫着佛，似为护法。花罩两边下部各有一座喇嘛塔。

广东德庆悦城龙母祖庙是龙母之殿堂，妆楼上放有龙母床，床罩上雕有五龙，与龙母有五龙子之传说相合。床前的花罩，两边各雕狮、虎、凤各一，雕工精巧，形象栩栩如生，是广东金漆木雕的代表作。

四川阆中清真寺前檐，盛饰花鸟福寿等图案，而且饰以龙纹，婉转自然，生动亲切。成都青羊宫斜撑上雕的龙饰，色彩明艳，为建筑增添了光彩。其余，如斗栱上雕龙的有广东梅州明构的灵光寺大殿，裙板上雕龙的有故宫各殿宇等。

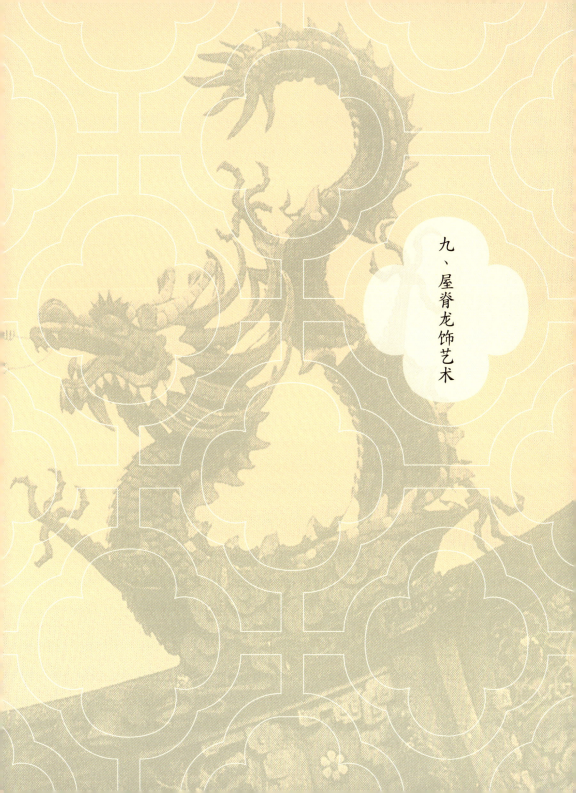

九、屋脊龙饰艺术

图9-1 五台山佛光寺大殿鸱吻（元代仿唐式样）
为龙首，张口吞脊，吻上部有一小龙。这一式样已由鸱尾变为鸱吻。

中国古建筑的屋顶是中国古建筑的冠冕，是中国古建筑最具有艺术特色之处。屋脊龙饰艺术是古建筑冠冕上的明珠。

中国古建筑屋顶上的龙吻，是由汉代鸱尾逐渐演变而来的。五台山佛光寺大殿的鸱吻，是元代所制，式样仿唐代鸱吻。这鸱吻已是龙首形态，张口吞脊，鸱吻上部雕一条小龙。这是龙吻的较早的一种形态。

从山西平遥市楼建筑的脊饰，我们可以看到山西明代建筑脊饰的特色。平遥的市楼又称金井楼，是明代建筑。其正脊两端各有一个龙吻，龙吻背上一个有剑靶，其中一个剑靶已毁。正脊正中为脊刹，脊刹下方是两个相背的龙形吻兽。脊刹正中为一楼阁建筑，上为宝葫芦。楼阁的两边各有一座宝塔。正脊、戗脊上各有若干骑马武士，四条垂脊上，每条均有一个龙饰。另外，正脊两边的两个龙吻上方，各有一只装饰的金属鸟相向而立，饶有趣味。虽

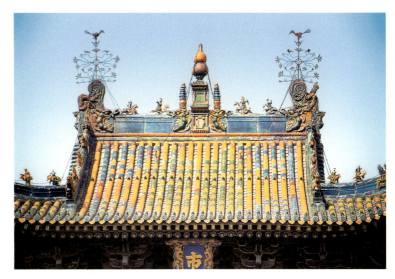

图9-2 山西平遥古市楼明代脊饰/上图

该楼又称金井楼,系明代建筑。正脊两端各有一个龙吻,龙吻背上有剑靶,其中一个剑靶已毁。正脊正中为脊刹,脊刹正中为一楼阁建筑,上为葫芦。楼阁两旁各有一宝塔,正脊、戗脊上各有若干骑马武士,每一垂脊上均有一个龙饰。

图9-3 广州番禺学宫大成殿龙饰/下图

该殿正脊为双龙戏珠图案,为清光绪年间佛山琉璃雕塑师文如璧的作品。龙形婉转自然,昂首向龙珠,龙下方正脊上有牡丹花象征富贵,仙桃象征长寿,在龙珠下方有福禄寿三字。该脊饰为南方龙饰的代表作。

说其上面饰物丰富多样，但龙吻的主题是十分鲜明、突出的。

在广东的屋脊龙饰中，以广州番禺学宫大成殿的作品较具代表性，其正脊主题为双龙戏珠的图案。其龙形自然婉转，昂首向着中央的龙珠，龙形生动，为清光绪年间佛山琉璃雕塑大师文如璧的杰作。在双龙戏珠雕塑下方的正脊两边，另有牡丹花图案象征富贵，仙桃象征长寿，在龙珠下方有福禄寿三字，表达了人民向往幸福美满生活的愿望。

藏传佛教寺庙屋脊上的龙饰艺术，可以以承德须弥福寿之庙妙高庄严殿金顶龙饰为代表作。妙高庄严殿为重檐方形攒尖镏金顶，上檐有四根垂脊，每脊二龙，一龙向上，一龙向下。八龙中四龙向上，朝着宝顶上的金珠，四龙向下，前方各有一金珠。因此，上檐金顶实为八龙戏珠图案，匠心独具，别有一格，龙形

图9-4 承德须弥福寿之庙妙高庄严殿金顶垂脊下方龙饰
妙高庄严殿为重檐方形攒尖顶，上檐四根垂脊，共有八龙，四向上，四向下，向上四龙，对着宝顶上金珠，四向下的龙，前方各有一金珠。实为八龙戏珠图案。龙形矫健生动，蓝天金顶，分外美丽。

图9-5 泉州承天寺正脊龙饰
福建许多庙宇正脊用龙饰。承天寺龙饰形态特别,龙头上昂,龙尾高扬,加上脊端燕尾的动势,好似龙在脊上飞舞,极富艺术特色。

矫健，若飞碧空。在蓝天的映衬下，金顶龙饰分外美丽，令人赞叹。

福建、台湾等地庙宇屋顶爱用龙饰，且龙形别致，千姿百态，令人叹为观止。泉州承天寺大殿正脊龙饰为其中之一。其正脊两端各塑一龙，龙头上昂，龙尾高扬，加上脊端燕尾向上飞扬的动势，好似龙在脊上起舞。闽台脊饰喜用瓷片镶嵌，色泽经久，五彩缤纷，极富地方艺术特色。

由以上数例，可知华夏屋脊龙饰艺术的引人入胜，各地因民族、宗教、文化的不同，龙饰艺术各具特色，犹如百花斗艳，美不胜收。

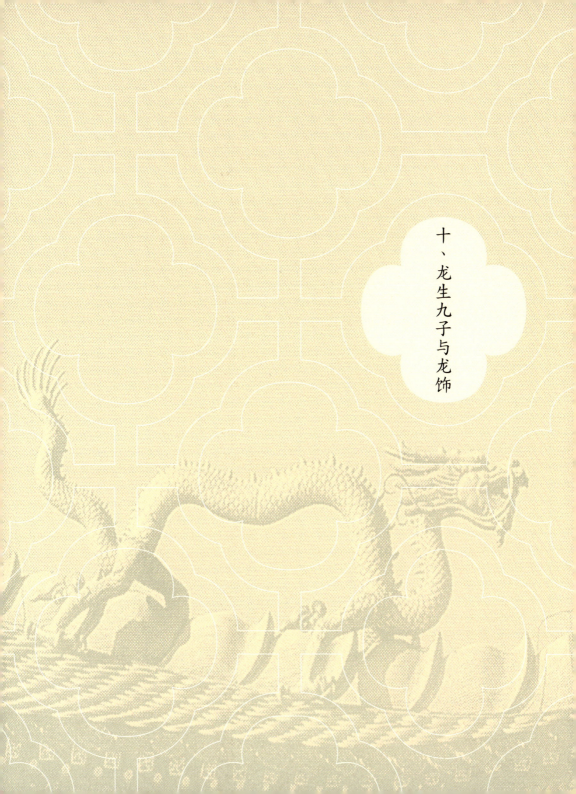

十、龙生九子与龙饰

随着华夏龙文化的发展，龙纹应用范围不断扩大，于是出现了龙纹的变种。明清以降，就出现了"龙生九子"的说法。

明代学者陆容、李东阳等均有"龙生九子"的论述，杨慎在《升庵集》列出龙生九子的名单："赑屃形似龟，好负重，今石碑下龟趺是也。螭吻形似兽，性好望，今屋上兽头是也。蒲牢形似龙而小，性好吼叫，今钟上钮是也。狴犴形似虎，有威力，故立于狱门。饕餮好饮食，故立于鼎盖。霸下性好水，故立于桥头。睚眦性好杀，故立于刀环。狻猊形似狮，性好烟，故立于香炉。椒图形似螺，性好闭，故立于门铺首。"

龙生九子的说法，扩大了龙纹的范围，把建筑装饰中的龟趺、螭吻、霸下、狴犴、椒图归入"龙子"之列，虽不免有滑稽之感，但也可算作龙文化发展过程中的一段有趣的插曲。

图10-1 龙生九子纹
龙生九子，是华夏龙文化的发展，龙纹应用范围扩大，于是出现了龙纹的变种。（自黄能馥、陈娟娟编著，《中国历代装饰纹样大典》，中国旅游出版社，1995年）
a.赑屃；b.饕餮；c.螭吻；d.霸下；e.蒲牢；f.睚眦；g.狻猊；h.狴犴；i.椒图

十一、龙凤呈祥

龙、凤都曾是中国古代的图腾，后来成为天上四象的东方苍龙和南方朱雀（即凤凰）的名称，龙、凤都是中国古代崇拜的神物，在汉代之前，凤的装饰曾流行一时，尤其是脊饰更是如此。随着龙地位的上升，凤降于从属的地位。龙被作为天子的象征，凤作为皇后的象征。龙凤成为最高等级的装饰题材。紫禁城的装饰题材，以龙凤为最尊贵。外朝和内廷最主要的宫殿用的是和玺彩画，是等级最高的彩画，其主要特点是用各种不同姿态的龙或凤图案组成整个画面，间补以花卉图案，且大面积沥粉贴金，产生金碧辉煌的效果。龙凤为中国古代的崇拜物和吉祥物，龙凤呈祥是中国传统建筑装饰中最高档的和最喜闻乐见的题材。

以柱为例，不仅有龙柱，而且有凤柱。湖南零陵文庙大成殿，前檐明间两侧有两根汉白玉高浮雕蟠龙柱，其两侧各有一根青石浮雕飞凤柱，为清乾隆四十年（1775年）所雕，有龙飞凤舞、龙凤呈祥之意。

湖南宁远文庙大成殿，前后下檐浮雕蟠龙、飞凤石柱各6根，启圣祠前亦有龙凤石柱一对。

福建漳州凤霞祖庙有双龙双凤柱。

图11-1 湖北荆州开元观祖师殿天花的龙凤图案 / 对面页
开元观是荆州城著名的道观，始建于唐开元年间（713—741年），现存为明清建筑。祖师殿位于中轴线上，为最后一座殿宇，殿内正中天花绘龙凤图案，形态生动逼真。

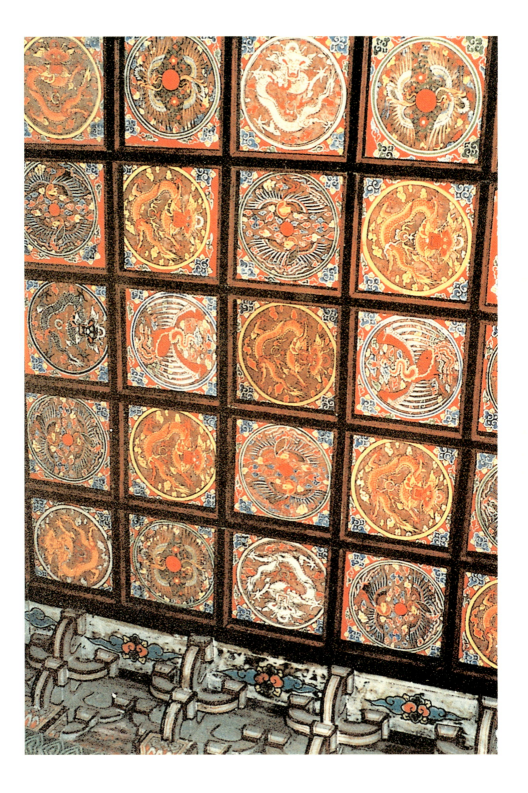

图11-2 故宫交泰殿隔扇裙板的龙凤图案
故宫交泰殿取意"天地交泰,帝后和睦"。帝以龙为象征,后以凤为象征。因此,交泰殿隔扇的裙板雕刻,以"龙凤呈祥"为题材,龙凤飞舞在山、海、祥云之间。雕工精细,龙凤神态生动。

图11-3 厦门南普陀寺戗脊的龙凤呈祥图案/对面页
该图案很有特色,龙生有翅膀,为飞龙,凤头生在脊端,凤羽上扬,正是龙飞凤舞的形象,构图自然、生动,色彩明艳,极富艺术魅力。

不仅紫禁城主要殿宇的天花用龙凤图案,一些佛寺道观的天花也有以龙凤为饰的。四川平武报恩寺的大雄宝殿天花就用了龙凤图案。此外,湖北荆州开元观祖师殿天花也以龙凤图案为饰。开元观的天花属井口天花,用木条纵横相交,分割成若干个小方块,上盖木板,由于一个个形状似"井"字,故称为井口天花。其小块中心部位画圆光,以棕色为地,内画龙

或凤图案，龙、凤图案相间。龙均为独龙的图案，凤分为两种，处于中轴线上的凤为独凤，中轴线两旁则均为双凤朝阳图案。龙的颜色分为黄、红、蓝、白各色，凤的颜色也分为五彩，故有龙飞凤舞、气象万千的艺术效果。

北京故宫内除众多龙饰外，也有许多龙凤饰。交泰殿的门上裙板的"龙凤呈祥"图案就是一例。

厦门南普陀寺戗脊的龙凤呈祥图案也很有特色，龙生有翅膀，在空中飞舞，脊端则有一凤头，凤羽凤尾上扬，成为脊端起翘卷起部分，呈五彩状。正是龙飞凤舞的生动图画。

十二、华夏龙饰 流芳海外

华夏建筑龙饰艺术是中华龙文化的体现。随着历代炎黄子孙、龙的传人迁居海外,龙文化已广布宇内,建筑龙饰艺术也见于世界上许多地方。

明代为了帮助琉球开发经济、文化,洪武二十五年(1392年)"敕赐闽人三十六姓"定居琉球。闽人在琉球首府那霸和聚居地久米村建起两座天妃宫。清代,泉州商人足迹达吕宋、暹罗、巴达维亚、勃泥、爪哇、占城、交趾、柬埔寨、巨港、长崎、琉球、高丽等地,每到一地,必建会馆和天后宫。广东人也有许多侨居东南亚以至欧美各地,也在聚居之地建筑庙宇宗祠。这样,各种各样的建筑龙饰也就随之出现在异国的土地上了。

图12-1 南普陀寺脊饰——龙回头
闽南庙宇龙脊饰千姿百态,这一脊饰为龙回头,生动自然,势欲飞腾。正脊上还有鹿、竹、花草、葫芦、祥云等装饰。瓷片镶嵌,色彩明艳,是闽南建筑屋脊装饰的艺术特色。

图12-2 厦门南普陀寺山墙上的龙饰

山墙上端中间有一兽头含环,下吊一蝴蝶,下为一花篮,里面装着牡丹花,象征富贵。含环兽头下方有两只蝙蝠,有"福"之意。下方有四条龙,两条向着花篮,两条沿山墙边斜向下。全图自然生动,色彩艳丽,正是闽南地方特色。

大事年表

朝代	年号	公元纪年	大事记
		前6000多年	阜新查海发现了位于房址和墓葬之间长达19.7米的龙形堆石。 在葫芦岛市连山区塔山乡的杨家洼新石器时代遗址中，发现用纯净的米黄色黏性土做原料，在红褐色地面上塑出的两条龙图腾图案
		前4000年	1987年，河南濮阳西水坡遗址中发现用蚌壳摆成的龙虎图案，年代距今约6000年。 1993年6月，湖北黄梅县焦墩遗址出土了一幅长4.46米、高2.26米的卵石龙图腾
		前3000年	红山文化遗址出土的玉龙，高26厘米，由墨绿色玉雕磨而成，弯曲呈C字形，无脚
东汉	汉顺帝永和六年	141年	山东微山县两城山桓桑终食堂画像中，柱子以龙纹装饰
东汉至三国			浙江省海宁长安镇画像石墓的墓室北、西、东三壁，均各雕有两根以龟为础座的蟠龙柱，龙为三爪
东汉晚期		193年以前	沂南古画像石墓中室与室斗栱两旁，有倒衔的双龙形栱
北魏	太和八年	484年	1966年在大同的司马金龙墓中，发现雕镂精美的4件蟠龙柱础，为石雕龙饰艺术珍品
隋		581—618年	1953—1956年找到赵州桥隋代的栏板和望柱，上面的龙雕千姿百态。尤其"穿壁龙"为艺术珍品

朝代	年号	公元纪年	大事记
北宋	宋元祐二年	1087年	晋祠圣母殿前廊八条木雕蟠龙柱，为我国木雕蟠龙柱最早的实例
南宋	淳熙八年	1181年	四川江油云岩寺飞天藏缠龙柱，是现存木雕龙柱的较早实例
元			五台山佛光寺大殿的鸱吻，为元代所制，式样仿唐式，其上部雕一条小龙
明	洪武二十五年	1392年	山西大同九龙壁是我国现存年代较早、规模最大的一座九龙壁，长45.5米，高8米，厚2.02米
明	正统元年	1436年	湖北襄樊绿影壁（四龙壁）原为王府照壁，宽25米，高7米，厚1.6米，为龙壁杰作
明	正统元年	1436年	故宫保和殿后的云龙雕石，总长16.57米，宽3.07米，厚1.7米，重约250吨，为石雕龙饰艺术杰作
清	康熙三十年	1691年	普陀山法雨禅寺圆通殿内的九龙藻井，为木雕龙饰艺术珍品，国内罕见
清	乾隆年间	1736—1795年	北海九龙壁长25.86米，高6.65米，厚1.42米，为龙壁艺术珍品

"中国精致建筑100"总编辑出版委员会

总策划：周　谊　刘慈慰　许钟荣
总主编：程里尧
副主编：王雪林
主　任：沈元勤　孙立波
执行副主任：张惠珍
委员（按姓氏笔画排序）
王伯扬　王莉慧　田　宏　朱象清　孙书妍
孙立波　杜志远　李建云　李根华　吴文侯
辛艺峰　沈元勤　张百平　张振光　张惠珍
陈伯超　赵　清　赵子宽　咸大庆　董苏华
魏　枫

图书在版编目（CIP）数据

龙文化与建筑/吴庆洲撰文/摄影.—北京：中国建筑工业出版社，2013.10
（中国精致建筑100）
ISBN 978-7-112-15907-9

Ⅰ.①龙… Ⅱ.①吴… Ⅲ.①龙–民族文化–研究–中国 ②古建筑–建筑艺术–中国–图集 Ⅳ.① B933 ②TU–092.2

中国版本图书馆CIP 数据核字（2013）第229169号

◎中国建筑工业出版社

责任编辑：董苏华 张惠珍 孙立波
技术编辑：李建云 赵子宽
图片编辑：张振光
美术编辑：赵 清 康 羽
书籍设计：瀚清堂·赵 清 周伟伟 康 羽
责任校对：张慧丽 陈晶晶 关 健
图文统筹：廖晓明 孙 梅 骆毓华
责任印制：郭希增 臧红心
材料统筹：方承艺

中国精致建筑100

龙文化与建筑

吴庆洲 撰文/摄影

中国建筑工业出版社出版、发行（北京西郊百万庄）
各地新华书店、建筑书店经销
南京瀚清堂设计有限公司制版
北京顺诚彩色印刷有限公司印刷

开本：889×710 毫米 1/32 印张：3 插页：1 字数：125 千字
2016年3月第一版 2016年3月第一次印刷
定价：**48.00元**
ISBN 978-7-112-15907-9
（24332）

版权所有 翻印必究
如有印装质量问题，可寄本社退换
（邮政编码 100037）